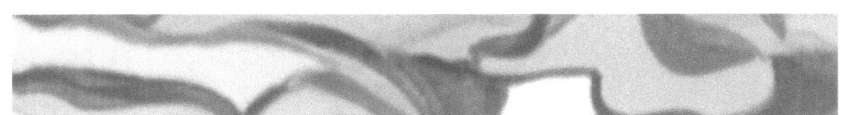

Volné Verše

Jindřich Degen

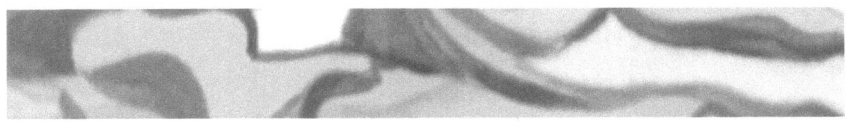

Verše: © Jindřich Degen, 2012

Námět obálky: © Jindřich Degen ze svého obrazu „Kaleidoskop", 2009
Námět titulní stránky a podtitulních stran: Z obrazu Jindřicha Degena „Růst", 2009

Redakční úprava: Eva Peck
Grafická úprava: Eva Peck s Alexandrem Peckem

Všechna práva vyhrazena.

ISBN 978-0-9870905-7-7

Tato knížka je k dostání skrze webové stránky Jindřicha Degena,
http://www.henrydegen.com/Czech-Cesky/Literarni-tvorba/.

Pathway Publishing
Seeking truth and beauty

VĚNOVÁNÍ

Vám, kdo máte rádi českou básničku.

PODĚKOVÁNÍ

Za vydání této mé sbírky veršů chci vyjádřit srdečný dík své dceři Evě Peck. Evě se podařilo ucelit tento různorodý materiál a umožnit jeho publikaci. Potvrdila tak znovu svou schopnost vydavatelskou jako předtím nadání autorské jak individuelně, tak ve spolupráci s manželem Alexandrem.

Vřelé díky!

Jindřich Degen

Básník nevynalézá. On naslouchá.

Jean Cocteau

PŘEDMLUVA

Máte před sebou sbírku veršů, které vznikly z rozmanitých popudů a za různých okolností. Některé pocházejí z doby před deseti nebo více lety, jiné z doby nedávné. Byly často reakcí na život kolem, na situace, které autor zažil nebo jimiž byl ovlivněn, ať už v přítomnosti nebo v minulosti – někdy hodně vzdálené. Mohla to být aktualita, jindy vzpomínka, někdy zase sen, fantazie, nebo i absurdum – Dada a tak podobně. Je to tedy pestrá sbírka, pro jejíž obálku jsem zvolil svůj obraz s námětem „Kaleidoskop".

Některým čtenářům, zvláště těm mladší generace, budou připadat určité výrazy nebo spojitosti málo srozumitelné. Jsou to ohlasy tehdejších časů.

Říká se, že ve stáří se člověk vrací do mladých let, ba často i do dětského věku. To je případ autora zde – budiž mu to prominuto.

Ať jsou to verše nebo próza, přáním autora je, aby tato knížka přinesla čtenáři trochu úvahy, oddechu, rozptýlení, nebo i zábavy.

Jindřich Degen

Člověk

Pesimista

I

Na jaře když raší stromy
očekává jen pohromy.

V létě příroda když vzrůstá
beznaděj tu jenom pustá.

Na podzim když hrozny zrají
hrůzné sny ho přepadají.

Když napadne sníh pak bílý
černou mysl jen posílí.

Komu tohle život chystá?
To je přece pesimista.

II

Už je po radosti –
mám už toho dosti;
bolest hlodá v kosti
a třesu se zlostí ...

O skromnosti

Jsi moc skromný, milý brachu ...
Nezůstávej pořád v prachu!
Nebuď jako poupě v koutě,
nemysli, že tam najdou tě.
Tam tě nikdo neuvidí,
strachuješ se jenom lidí.

Vlkem člověk je člověku,
tak tomu je od pravěku.
Doufejme však: svět se mění ...
Snad bude víc pochopení.

Tak teď najdi v sobě vzpruhu!
Uvidíš, půjde ti k duhu
narovnat se a jít zpříma.
Každý žezlo v ruce třímá,
ale často o tom neví
a z kuráže hodně sleví.

Neměj dál na srdci můru –
tedy vpřed a hlavu vzhůru!

Keep smiling!

Úsměv je nákaza co rychle cestuje –
ne jako rýma kdy ležíme v posteli.
A zase k úsměvu všechny povzbuzuje,
přináší nám radost – jsme rázem veselí.

Rozsvěcuje totiž nám v srdci lampičku.
Člověk se nemračí už ani trošičku,
radost má na líčku jak z medu kašičku.
On nám dá mnoho: snad přivábí hubičku
na tváři dívky, snad potěší babičku.

Někdo je bohatý, má mnohé akcie,
někdo zas chudý je, často zima mu je –
jeden whisku pije, druhý nuzně žije –
každý z nich ale přec úsměv potřebuje.

Příteli, když se ti dostane úsměvu,
pošli jej, prosím, dál – bude ti do zpěvu!

(Motiv převzat z francouzštiny - anonym - a volně zveršován.)

Bradu vzhůru!

Směj se s chutí velkou
a nebuď Popelkou!

Plesej často v duši,
ať klid tvůj neruší
žádná žití chmůra!
Vivat nunc mens pura!
Říkaj' latiníci.

Tož: úsměv na líci!

Chvála hudby

Byl jednou jeden král,
co na dudy jen hrál
a moc nekraloval.

On volal na chasu:
"Tak vemte sem basu –
a taky housle. Hned
ať přijde klarinet!
A jdem' prozpěvovat,
lidi oblažovat ...

Vždyť když hrá muzika
nikdo nenaříká.
A hned má lepší vzhled
ten celý boží svět."

Tož tenhle moudrý král
ten dlouho kraloval ...

Neb: Nikdo nevzlyká
když hraje MUZIKA!

Výzva k veselí

Když šašek přišel, hned si sednul
a slabě škytl, zazíval,
pak pintu piva sobě zvednul
a pil; a potom zazpíval ...

Ty moudrý jsi, tak proč se cukáš?
Že umíš pít nám přece ukaž!
Vždyť pivo velmi dobré je.
Ať každý si ho dopřeje!

Když kapela pak ještě zazní
a srdce naráz poskočí,
hned dívky v kole roztočí
ten, po tanci kdo pořád blázní ...

Tož ať je to ten nebo ten
buď k veselí vždy ochoten!

Čertovské téma

Ďábel usmívá se tence,
světem jde, hledá spojence.
On na tebe jenom mrkne
a dušička tvá se scvrkne.
Podlehneš-li jeho šarmu –
i kdyby tě získal žertem –
můžeš skončit u žandarmů ...
Nebratři se nikdy s čertem!

Když ti hory slibuje
jen své železo kuje.
Nepřijímej dary jeho,
važ si jen rozumu svého!
Zatím co teď s tebou pije
plány šije jako zmije.

Když se půda pod ním ztrácí
tu se na tebe obrací.
Jakmile tě má v své moci
chce tvou pomoc ve dne, v noci.

Zapsal jsi se, tak se starej!
Na kuráž si sklenku nalej.
Pracuj v prospěch svého pána
bez ustání, až do rána!
Když za bouřky přijdou blesky
rozšiřuješ třesky, plesky ...
Lidé pak v údivu stojí
nad tou stupiditou tvojí.

Závěrem:
Svět jde dále bez obtíží
když někdo čertu ublíží.
Dále pěkně roste tráva,
neutrpí lidská práva!

1 - 2 - 3 - 4 - 5

Jedna, dvě, tři, čtyři, pět.
Krásný vzhled je na ten svět.
Kdekdo jámu kope tobě,
aby on pomohl sobě.

Lidi jsou jak vopice;
když má někdo tisíce,
druhý chce mít ještě víc
a hromadí do truhlic.

Přeskoč, přelom, nepodlez,
za vozem se též nevez!
To se takhle jenom říká –
kohopak se to dnes týká?

Naše staré přísloví
také vám tohle poví:
že totiž, Blahorodí,
často všeho moc škodí.

Rozverně

Přeskoč, přelom, nepodlez!
Sedla bába na pařez.

Když tě někdo osolí,
nehas co tě nebolí!

Šlápne-li ti na nohu
usedni hned do rohu!

Plácne-li tě přes líce
usedni u přeslice.

Mírová zmařená

Radujte se, veselte se,
proboha, jen neperte se!

Nepodlehnem' tomu klamu,
rvačku máme na programu!

Práce šlechtí člověka

Milý druhu
v rodném kruhu!
Nemáš sluhu,
půjdeš k pluhu.

Ty soudruhu
vidíš duhu
zářit v luhu ...
Najdeš vzpruhu
u soustruhu.

Mládí

Hej, mistře, vstaň, podívej se,
jak nám ten čas utíká –
přešla doba nevinnosti,
už nemáme dudlíka.

Vbrzku rostem' jak topoly,
než se nadáš, jdem' do školy.
Teď obecná, potom střední
(když se nám mozek rozední).

Někdy poznáš tuhou práci,
jindy zažiješ legraci.
Do zkoušek je práce dosti –
matyka, ta dá starostí.
Nastane pak často dření
do ranního kuropění.

Když se potom chýlí k jaru,
Vesna dá nám plno darů.
To pak zříme poupata,
pokoušíme děvčata.
Oblékneme sváteční
když jsou tady taneční.

Není jen čas radovánků,
také nedostatek spánku –
to když přijde maturita
a s ní nervosita litá.

Lež, mistře, a zůstaň v klidu,
doba ta se nevrátí.
Uplynulo mnoho vody –
vzpomínky se neztratí.

Elegie

Dnes když tak vzpomínám na svou mladost
musím jít daleko – ne jenom pro radost.
Měl jsem své zájmy a snahu, ne ctižádost:
práci jsem miloval – byla to posedlost ...
Zažil jsem krásy moc, ale také lítost ...
Teď zlehka odcházím – byl jsem tu jenom host.
Přišel jsem, viděl jsem – snad už je toho dost?
Až budu před soudem, prosím jen o milost!

Mysleme svobodně

Když ztratíme svobodu
utrpíme nehodu.
Je-li po svobodě veta
není ještě konec světa.

Komu se pak nelení
zdravý mozek ocení.
Je třeba jej využíti
k našemu dobrému žití.

Chovat se a myslit kladně ...
Pravda je tu na základně.
Hrom když bije a pak zle je
nezahoď'me pryč naděje!

Nedejme se na scestí!
Bylo by to neštěstí.
Vizte: Síla charakteru –
to je něco, na mou věru.

Čas – ten plyne bez mezí,
ale *Pravda* vítězí!

Svět kolem

O počasí

Toť škaredé je klima
když padne tuhá zima.

A co když prší hodně?
To přijdou pak povodně.

Když hrom zrovna netříská
nás počasí hned získá.

Ach, slunce se nám líbí –
to čerstvé jsme jak ryby.

Však jestliže moc pálí –
kdo si to ještě chválí?

Jak říká strýček Véna:
"Vždyť počasí je změna!"

Velké sucho

Co se vleče neuteče –
horko, to je zlé, člověče!

Vedro je, kapka nespadne,
nohama se těžko vládne.
Sucho je a všechno zvadá,
únava na nás teď padá.
Satan dělá čáry-máry:
leckde vyvolá požáry ...

Snad nám Pán Bůh sešle vodu,
aby se nám ulevilo.
Zas za deště doprovodu
bude krásně – jak dřív bylo.

On Global Warming

Sluníčko když pěkně svítí,
dobře je na světě býti.
Když se trochu zamračí,
i to k štěstí postačí.

Když pak zrovna moc neleje,
srdce něhou přímo pěje.
Sníh a mráz buď požehnán –
ten chutná jak marcipán.

Ať jsme staří nebo mladí,
počasí my máme rádi.
Ale ať je v rovnováze
voda, vzduch a slunce záře!

O tempora, O mores!

Kdepak jsou ty staré časy?
Dívky měly dlouhé vlasy
a muži se holili.
Též je fousy zdobily.

Muži si dnes holí hlavy
jak'by vyšli ze šatlavy.
Ženský vlas je na krátko;
mužská hlava: prasátko.

Chlapi mají strniště;
co as' přijde napříště?

Účesné verše

Když jsi se napil a utřel si bradu,
módních kdys' mravů si připomeň vládu.

V minule ozdobou žen byly vlasy –
délkou jim dodaly patřičné krásy.
Dívčina nosí teď vlasy na krátko
až se ti jeví jak malé robátko.

Co muži zbývá chce-li se odlišit?
K holiči rychle si musí pospíšit:
"Ohol mi hlavu až bude jak kdoule,
ať se zaleskne jak dělová koule!"

Vůle lidu I

Červená, modrá a zelená –
dnes jsem z těch voleb jak střelená!
Jsou dneska jaksi ňák záhadné ...
Jakpak to tentokrát dopadne?

Vůle lidu II

Volíme, volíme, až se zapotíme;
všecko je to naruby –
až z toho bolej' zuby.

Vůdci řičí až to křičí,
veze se to vzhůru, dolů ...
Buď'me trpěliví spolu!

Vyhrají to praví? Leví?
To dnes vpravdě nikdo neví.

Malá měnová

Dolare, ty dolare,
ať se ti nic nestane!
Tváříš se dnes nerudně –
nespadni nám do studně!

Kupecká

Strejček Šmidra koupil šimla
za půlpáta dolaru,
na trhu zřel Lojzu Drimla
a ten koupil almaru.

Rozhovor o stavu země

Proč bychom se netěšili
když nám Pán Bůh zdraví dá?
Tak se zastav teď na chvíli
a slyš co se povídá.

Řekni nám teď co si myslíš
o té bídě ve světě –
žijem' my snad všichni dneska
na šílené planetě?

Že to se světem jde z kopce
to se jasně rýsuje,
nežijeme však na sopce
a naše loď dál pluje.

Pravidlem buď: Neškoď lidem
ať se nikdo nermoutí!
A ber všechno s velkým klidem –
svět se hned tak nezhroutí!

Noc a den, neboli píseň optimisty

Milé dámy, milí páni!
Svět je dnes nějaký jiný,
není to moc k popukání –
zříme mnohé lotroviny.

Nebudem' však do skonání
ukazovat na zlosyny;
vizme tedy k porovnání
lidí dobrých též počiny.

Když dnes někdo dobro činí
lidem blízko nebo v dáli
pohaní to často jiní:
ti, co podporu nedali.

Je zatěžko pro dobrou věc
potýkat se osaměle.
Bylo by jim lehčeji přec'
mít kolem jenom přátele.

Važme si jich mezi námi
a snažme se též pomoci
kde je třeba i my sami –
a zlo zmizí pak do noci.

Zbude dobro, páni, dámy!

Lingua Bohemica

Čeština je jazyk bohatý:
Sloves, přívlastků až na paty,
gramatikou hodně oplývá,
jména podstatná tu zářivá,
časování, skloňování též –
někomu je tohle na přítěž.
My to ale zcela milujem',
chvála tvůrcům řeči české všem!

Vivat Erben, Neruda, Čapek,
Němcová a Nezval, Jirásek,
Seifert, Vančura a Kundera,
vůbec všichni ti mistři pera!

Ať řeč česká radostně žije!
K tomu rád z nás každý připije.

Konec dne

Dnes byl vskutku krásný den –
zdalipak jsi spokojen?
I kdyby nebylo tak hezky
měl bys přesto mít rád všecky
dny a týdny, zimy, léta ...
Zřít jak kolem všechno vzkvétá,
hyne, rodí se a zase
znovu vzplane v plné kráse ...

Verše moje bledě znějí,
ať nám tedy mistři pějí!
Má invence škobrtá,
přečteme si Seiferta.

Jazykozpyt

Tohle je řeč
ostrá jak meč.
Spadneš-li v léč
tak tu nebeč!

Mlčeti zlato

Řeč se mluví,
voda teče –
žvatlaj' žluvy –
mlč člověče!

Věda kolem nás

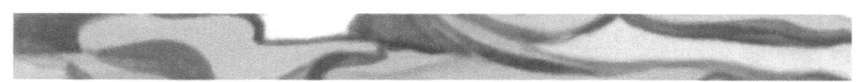

Pokrok

Já do lesa nepojedu,
nejsou tam žádné stromy;
vykáceli všechno dříví,
aby měli na domy.

Traktor stojí, pole není,
tož nemůžem' ani orat –
nic tu není k ocenění!
Všechno chtěj' rozparcelovat.

A tak dneska není tady
co mě dříve těšívalo.
Tam co dříve byly sady
je dnes beton natrvalo.

O vědě aneb věda základ života

Když jsem k vám chodíval přes ten prales
pes váš se mě tak bál, že hned zalez' ...
Ale teď po létech – předlouhý čas -
klopýtám na cestě jako ťulpas.

Na mládí zbyly mně jen vzpomínky
často teď slyšívám připomínky:
"Kam se to šinete, vetchý dědo?"
Říkám si: "Kde jsi, ach kde jsi Vědo?
Abys vyrobila mladé kosti
a tvář mi zjasnila (místo zlosti),
žaludek spravila a ledviny -
pak bych moh' zas chodit na maliny.

Jak paní Věda dnes pokračuje
všechno se rapidně vylepšuje.

Dřív' bylo zvykem jít na faráře,
dneska se obrátíš na lékaře.
Dostanem' všechno od medicíny,
rychle dnes vykoupí naše viny.

Ať je to obžerství nebo ten grog,
všechno se zahladí. Je to POKROK.

Spousta se vymění, žádná starost -
pak místo staroby přijde mladost.

Ti dnešní doktoři za tisíce
vycpou nám jedna-dvě obě líce.
Postavu spanilou vyrobí vráz,
Teď můžeš oplývat tisícem krás.

Předělaj' orgány všeho druhu,
dostanem' k životu novou vzpruhu.

Má-li kdo problém - ať dívka, děda -
všechno dnes vyřeší hladce VĚDA.
Máme tak všemožné radovánky,
život má přece jen dobré stránky.

Také náš čas ani moc nechvátá ...
Prabáby dnes rodí paterčata.

Člověk tvor neznámý

Kdysi v parku chodil pěšky,
stromů, květů všude hodně –
obdivoval tam macešky,
dýchalo se mu svobodně.

V moderní teď době žije,
rychlostí se až zalyká ...
Je to přímo utopie –
TV, dot.com vše polyká.

Zmáčkne knoflík, stiskne myšku,
ocitne se v Americe.
Už nevidí pampelišku,
sedí – blednou jeho líce.

Doprava je teď blesková –
to ho láká dozajista,
technologie když nová
je tu. A co motorista?

Lidé kolem zuby zatnou
když se řítí po betonu
rychlostí přímo závratnou
s uchem na svém telefonu.

Nežli jak na kolotoči
žít a býti jak v závrati,
než se mu mozek rozskočí,
je nutno lék předepsati.

Chce-li radostně zas žíti
a užívat radovánek,
musí trochu zpomaliti,
'by měl spánek jako vánek.

V přírodě si zazpívati,
žíti střídmě – jak se sluší –
aby mohl prospívati
jak na těle, tak na duši.

Technologická

Dnešní věda spát nám nedá.
V mrákotách zaznívá tón –
člověk ve snu cosi hledá ...
Je to mobil telefon?

Ráno svítá, budík vřeští,
vstávat brzo – to je zhouba.
TV zapnem', hlava třeští –
a už pálí mikro-trouba.
Vejce, šunka a topinka,
u roštu teď zvonek cinká.

Komputer – ten všechno poví,
zaplaví nás slovy, slovy.
Provází nás tímto světem;
žijem' jak pod světlometem.

Nemáme dnes už střádanky.
Kdykoli jdeme do banky
vybíráme z automatu
peníze ve velkém chvatu.
Díky kartě milý druhu,
rychle naděláš si dluhů.

Brambor, zelí a kotletu
objednáš na Internetu!
Chceš se s kráskou seznámiti?
Stačí číslo vytočiti.
Utrpí-li naše zdraví,
komputerem to doktor spraví.

Jak to říkal pan George Orwell:
Velký Bratr, ten nás hlídá!
Zda si vypiješ svůj korbel
ještě v klidu? Je to bída!

Řekni si: prakticky vždycky
všechno jde automaticky.
Věda vpřed jen pochoduje,
rychlostí nás omamuje.

I když nikdo nepřežije –
zbyde tu TECHNOLOGIE!

Drama

Hleďte, prosím, na tu krásku,
pocítíte ihned lásku.
Osmnáct let, ani vrásky
nevidět na její tváři.
Ona si dává otázky:
„Opravdu to čas zas zmaří?"
A že to tak nenechá ...
Na chirurgii spěchá:
„Vrásky v životě já nechci!
Rychle, BOTOXU injekci!"

Jídlo, pití, živobytí

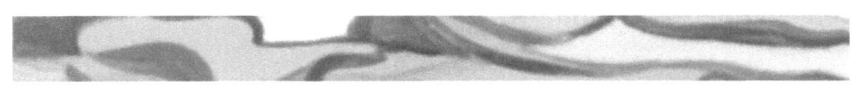

Historie prochází žaludkem

Jak žil člověk v dalekém pravěku?
Zřejmě často bylo mu do breku.
Někdy mu zle táhlo do jeskyně –
za což mu pak vyhrávala tchyně.

Ženu on měl pravou holubici,
často měla úsměv na své líci.
Jindy manžel přestal být kocourek –
to když kamsi založil pazourek.

Děti vědy neznaly – to bolí –
tenkrát školy nebyly v okolí.
V přírodě je krásně – každý uzná,
ale existence někdy nuzná.

Na vzduchu tak přenáramně chutná –
honba na mamuta je pak nutná.

Lid se tedy na hon vydat musil;
neptejte se co však při tom zkusil!
Někdy zvíře netrefí, co potom?
Radši pomlčíme o tom.

Jak to mají muži dneska snadné,
loviti je ani nenápadne.
Nakupovat chodí moc neradi –
v hospodě čekají kamarádi.

Děvčata mají svou kariéru,
vařiti je nudné – na mou věru!
Co se tedy týče denní stravy,
změnili jsme kulinářské mravy.

Lovit, vařit, jaká je to práce!
Na to přece dnes je restaurace.
Odpadla robota značně krutá –
a tak nikdo nejde na mamuta.

Damoklův meč

Občas chytnu v zraku sítě
velice přetloustlé dítě.
Mládě je desetileté,
všechno na něm jenom kvete.

Hoch je tučný jak se patří,
nedivte se: on jí za tři.
Velice mu jídlo chutná,
pohyb na vzduchu je putna.

Sport – to je pojem neznámý,
jenom sedět – to ho mámí.
Na obrazovku on zírá –
video games jeho víra.

Horko nebo mráz když praští,
nedá mu to: stále baští.
Krmí se a pořád tyje,
přibývají kalorie ...

Řekněte mi: lze pomoci?
Kdy propadne zlé nemoci?

Chladná úvaha

Na Hromnice o krok více –
vybouchla nám dnes lednice.
Jde tu o duševní zdraví,
sotva tohle někdo spraví!

Měli jsme ji dlouhá léta,
byla nám tak jako teta.
Blízká jako milé děcko;
teď však rozmrzlo v ní všecko.

Chceme chladný nápoj píti,
mnohá jídla navařiti,
uchovati si ovoce
vždycky čerstvé rok po roce.

A tak pro normální žití
nutno novou zakoupiti.

Exkurze

Byli jsme na Piccadilly,
dobře žili, whisku pili ...
Ale pak za malou chvíli
síly nás tam opustily.

Dopito

Neviděli jste tu mou tobolku?
Utrácí si bez okolků ...
Jednou si tak zašla do hospody,
byly tam pro ni svody!
Pivo pila, hlučná byla,
hlava se jí zatočila.
Pak se zcela vyprázdnila ...
Nebyla to idyla.

Lidová pivní

Když jsem já šel do Malacek
navštívil jsem hospodu.
Vzali na mě málem klacek,
už tam píti nebudu.

Šenkýř mně tam nechtěl nalít,
že už prý mám víc než dost,
že mám svých pět švestek sbalit.
Z toho jsem neměl radost.

Kuráž do mě tehdy vjela,
chtěl jsem se hned s každým prát,
byla z toho pěkná mela ...
Už tu krčmu nechci znát!

Ginger-Lied

Běží liška k Táboru,
hrozně se za ní práší.
Nese pytel zázvoru,
nic ti nedá, Tomáši!

Dej se s chutí do klusu
a dohoň tu potvoru!
Uvař si bez rámusu
pivečko ze zázvoru.

Traktát

Přeskoč, přelom, nepodlez!
Náš pes utek' v černý les.
Já tam za ním nepůjdu,
zalívat žízeň budu!

Voda ta mně nevoní,
čaje jsou pro pocení,
ale naše pivečko
dobré je pro srdéčko.

V hospodu se odebral,
ale potom moc přebral ...
Už vybledal měsíček
když šel domů Pepíček.
Z nálevny potemnělé
chtěl trefit do postele.
Komu se to podaří
když se takhle napaří?

Přeskoč, přelom, nepodlez!
Sedni si radš' na pařez!
Nechoď z viny do viny –
vyspi se z kocoviny!

Z toho plyne poučení:
Znát svou míru – nad to není!
Chceš-li setrvat v radosti
umírněnost buď tvou ctností;
budeš-li jen s mírou píti
šťastné bude tvoje žití!

Pokyny k pochodu

Jděte radši tímhle polem
a půjdete pořád kolem;
dejte tomu potom sbohem
až budete za tím rohem!

Když přijdete k stodole
budete už v Podole,
a s úsměvem na líci
ve Stříbrné Skalici.

Dáte se pak hned na západ,
pak na východ – to je nápad!
Cesta rychle uteče,
už jsou tu Hustopeče.

Jednou jsi tak v dolině,
pak zas na vysočině.
Příteli můj, než se nadáš
brzy únavou zlou padáš.

Neplač ale, dej si říci,
turista má svěží líci!
Nesyť se dál městským ruchem,
máš klid, volnost s čerstvým vzduchem.

Navlékni se do trika –
ať žije turistika!!

Turistická

Když jsem k vám chodíval přes ty lesy
vytahal mě váš strýc za pačesy.
Ještě dnes mě to tak hrozně bolí,
příště se jdu projít radš' do polí.

Zoologie

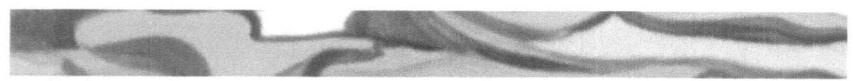

Příhoda s vepřem

Co to vidím, ty ťulpase,
v zahradě se prase pase!

Zapomněl jsi zavřít vrátka,
prase vystihlo to zkrátka
a hned rychle bez cirátů
vběhlo prudce do salátů.

Neuběhly tři vteřinky
baští zelí jak pralinky.
Zdá se, že má pěknou psinu
když tak spásá zeleninu.

Zadupány jsou jiřiny,
vepřík nemá pocit viny.
Myslím, že nastane drama
až to uzří panimáma!

Krátce o zvířatech

Ať je slunce nebo lije
každý tvor si po svém žije.
Ať doma, v lese, na moři,
zvířátka k nám hovoří:

Vrána krákorá hned zrána.
Pes ještě nevylez'.
Vepře neuvidíš, Petře.
Pavouka zřím jak sem kouká.
Žížala – ta vidí *mývala*.
Housenka je jako vlásenka.

Krokodýl narazil na kýl.
Kůň v hlubokou vstoupil tůň.
Ropucha pěje mu do ucha.
Rosnička zpívá mu maličká.

„*Pardále*, sundej si škrpále! Jsi tady na bále!"
Gorila do něho zaryla.
Slon – ten zná bonton.
Gazela skáče tu zvesela –
Buvola zavolá do kola.
Velryba v moři se kolíbá.
Klokane, klokane, skoč kdy se ti zamane!
Hroch – to je líný hoch.

Ptáci se sem honem vrací:
Pěnice leze do pšenice.
Skřivane, nouze ti nastane.
Labuti, je ti to po chuti?
Slavíka se tohle netýká.
Čejka je frajerka jako ta *křepelka*.
Konipásek – ten má hlásek, to je pásek!
Papoušek – to je náš drahoušek.
Kukačka – ta není hlupačka.
Vrabec je živý chlapec.

Sob – ten by rád něco sezob'.
Medvěd zná sedm věd jak najít med.
Velbloud je suchý jak troud.

Včela něco vypít chtěla:
„*Šoupálku*, přines nám kořalku!"
Křeček má dost těchhle břeček.
Zmije nepije pomyje.

Kočka na mlíčko počká.
Ať se tedy na ně těší ...
Únava se na nás věší.

Nechme tedy povídání –
život jde dál bez ustání ...
Vždyť tahleta kasace
byla jenom legrace.

Pheasant coucal
(O bažantovi)

V keři sedě jako z hradu
koukal kukal na zahradu.
Vidí misku s vodou; rázem
půvabně se snese na zem.

K misce rychle zalící –
nedaj' mu spát čmelíci.
Je to pro něj strázeň velká,
miska je však příliš mělká.

Sednul si tam jako pecka,
a voda vyšplíchla všecka.
Tož tam seděl aspoň chvíli ...
Smáli se mu pak motýli.

Letní den

Přilítli bílí motýli,
křídly nám cestou svítili.
Byli tu jenom na chvíli
a všechnu rosu vypili.

Kohoutí

Na hoře v Táboře všechno to krákoře,
kohout tam pospíchá, hrozně se zadýchá.
Nechoď tam, pojď radš' k nám!
Za klobouk pírko dám, pak vám zakokrhám!
Dobro mi vinšujte, už mě nezdržujte!

Abeceda

ABECEDA

A to zní tak převesele –
lehce vyskočím z postele.
Aleluja – den se zvedá,
začíná tak ABECEDA.

B je kulaté jak býček,
zátylky dva – tlustý strýček.
Štíhlost je tu překonána –
pohleďme na bonvivána!

Céčko hraje cinkylinky,
cukrář vyrábí pralinky.
Měsíc úzký na to kouká,
sova houká na pavouka.

Déšť padá na plachetnici,
dcerka dere ve světnici.
Doba byla tehdy jiná ...
Dé naduté jak peřina.

Emil malý prsty sčítá,
matka génia už vítá.
Logaritmy hned mu chystá:
„Einstein bude dozajista!"

F je rozený fanfarón,
počíná si jako baron.
Klobouk s pérem, dívky loví
a fráček má fialový.

G se tváří zarputile,
až se podobá gorile.
Globus přibodnutý k zemi
se svými starostmi všemi.

Hurá, jedem' dnes na hory –
skrze údolí, přes bory.
Vidím záplavu přesliček ...
H je pokus o žebříček.

Ivane, ach Ivánku náš,
ty máš příliš velkou kuráž.
Ignorance tebe zebe.
Žádné I neroste v nebe!

J jak jezdec s nohou v třmenu
jezdí krajem, hledá změnu.
Ubytoval se v jeskyni -
v posteli ať spí dnes jiní!

K tu kráčí pevným krokem
denodenně, rok za rokem
lehce křižuje kraj, křepce –
dohonit se dáti nechce.

Líbezná je moje láska,
ladná jako sedmikráska.
Luzná tvář a hbité kroky –
lehce plynou tyto sloky.

M tu máme - katedrálu,
věže od Svatého Grálu.
Obdiv, úcta nám teď velí:
Modleme se jak v neděli!

N jde vzhůru a pak spadne –
narcis jak když náhle zvadne.
Ale potom jako ptáci
s nadějí se v oblak vrací.

O je pro nás kruh magický,
do něj se vracíme vždycky.
Když se sejdou přátelé
vnesou chvíle veselé.

P je nadutec veliký –
nade vše má rád knedlíky
nakynuté jako hlava.
Pýcha, ta mu našeptává.

Q je podivné písmeno –
jaké jen mu dáti jméno?
Je v něm často elegance
jak ozdoba na mazance.

R zde rozkazuje rázně:
„Odejděte, všechny strázně!"
Zapomeňme na starosti
ať žijeme jen v radosti!

S nám připomíná hada,
skrytě svoje plány spřádá ...
Život je jak z marcipánu –
než se nadáš už jsi v Pánu.

T je velká šibenice,
dnes už nestaví je více.
Máme přece dobu novou:
tu totálně atomovou.

Usmívá se otevřeně
naše U – tak jako štěně.
Ve své tváři má dolíčky,
občas udělá loužičky.

V na výlet všechny volá,
nikdo tomu neodolá.
Venku jsme, vidíme ptáky –
poletíme až nad mraky!

Walther von der Vogelweide
dvojité W všude najde.
Dolů, vzhůru, pozdě k ránu
jsme jako na toboganu.

X ležérně si počíná ...
Xénie šla dnes do kina.
Nohy křížem, bez cavyků
plaví se teď v Titanicu.

Ypsilon je štíhlý floutek.
Vodu objeví nám proutek.
Bude dobrá na napití.
Ona je přec' nutná k žití!

Zdenička je doma málo,
těšiti ji to přestalo.
Zbyňka vyhledá dnes zase,
'by se kořil její kráse.

Trochu vrtochu

Lactos

I

Honem – v rámci provozu
postupujte do vozu!

Už jsou tady Hustopeče –
ať vám mléko neuteče!

Už budeme na Hradě –
máte mléko na bradě!

II

Karlíku, Karlíku,
myš leží v truhlíku –
dobře se mívala
když mléko pívala.

Hlad

Když jsem kdysi kráčel do Poličky
u lesa jsem potkal tři sudičky.
Byly bílé jako holubičky,
na hlavičky daly si čepičky;
postavy hubené jak tyčky.

Zdravím pěkně: „Pozdrav Bůh, dětičky!"
Ony na to: „Bůh buď s tebou, synku!
Máme hlad, dej nám aspoň topinku!
Byly jsme teď ve městě na rynku;
dali nám tam sice konvalinku,
ale žádné jídlo v upomínku.

Poskytni nám trochu krmě, pití –
chceme se ti řádně odměniti.
Budeš míti peněz jako kvítí,
dobré zdraví, spokojené žití."

Měl jsem sice sám hlad jako zajíc,
ale přesto vyndám z kapsy krajíc,
housku, sýr a kus salámu navíc.
„Vezměte si i když jsem z Nemanic!"
Pak jim popřeju dobré chutnání –
usedly a jedly bez váhání.

Chci jít dál pak – nemám žádné stání,
na výroční trh mě to pohání.
Hlad mně ale pohybovat nedá,
sudičky zmizely, mdloba šedá ...
A po chvíli, na kolena klesna
probouzím se ztěžka, zvolna ze sna.

Byl to tedy sen a už je ráno,
Boží nebe do modra vybráno.
Sudičky odešly, žádná škoda!
Hlad mi jenom v žaludku teď hlodá.

„Vstaňte se mnou, moje krásná paní,
zasednem' teď k lahodné snídani!"

Rozpočitadla

Leze brouček přes ten souček
až doleze na palouček
a tam potká berušku,
co mu nese výslužku.

Jedna, dvě, tři, pometlo
pěkně dvorek zametlo.
Čtyři, pět a šest, sedum,
krásný pohled na náš dům!

Jedna, dvě, tři, čtyři, pět –
pověz, kdo tu šunku sněď?
Šest, sedum a osum, devět,
to byl asi tenhle medvěd.

Ten to viděl, ten to řek',
ten tam byl a ten utek',
ten se lek' a ten měl vztek,
ten dostane na zadek!

Ať už kočka nebo pes,
nikdo tudy neprolez'.

Kočka stojí u plotny,
viděl ji pan Novotný.
Pes – ten sedí na stromě,
říkám ti to soukromě.

A když budeš zvědavý
zavřem' tě do šatlavy!

Nová rozpočitadla

Cinkylinky ...
Od peřinky
dostal plínky
u maminky.

Vidím výra,
bohatýra.
Tupě zírá
na kus sýra.

Lihovina
to je psina.
Mnohá vína –
kocovina.

Náš podkoní
hlad má sloní.
Husa voní,
už je po ní.

Jedna, dva, tři –
když jste bratři
tak mu natři!
To mu patří.

Dneska spíme,
zítra bdíme,
co uzříme
vám povíme.

Mráček pluje,
vítr duje –
od Metuje
pofukuje.

Dada

I

Skočil pes přes prales,
přes Císařskou louku;
do boudy pak zalez'
s kytkou na kloubouku.

II

Zelená se zelená na obloze tráva.
Káva je teď červená, to je velká sláva!
Viděli jsme jelena, měl na hlavě páva.
Mlha byla barvená, šla tam po ní kráva.

III

U panského dvora je velká obora,
našli tam zajíce, měl zlaté střevíce.
Šla tudy stonožka, spadla jí ponožka,
druhá potom navíc, sebral ji ten zajíc.
Koukejte Pepíka: po řece utíká,
má z toho modřinu – ať si dá zmrzlinu!

Dada aliterační

Vřela váza ve výtahu
Přešel pejsek po potahu
Bolně bučel bílý bejk
Šehrazádu šimral šejk
Zelný záhon zamrz' zrána
Harlekýn holí hulána
Krajta kouše křivý klas
Moucha mlkne, má malvaz
Lazebník lakuje lžíce
Sudí spolknul sfouklé svíce
Traktorista tenká třtina
U úhoru už usíná . . .

Nového nic nenapadá?
Dosti dekadence, Dada!

Jmeniny

Karlíku, Karlíku, nesedej na kliku!
Pepane, Pepane, ať se nic nestane!
Václave, Václave, ryba ti uplave!
Boženo, Boženo, dej pozor na věno!
Lojzíku, Lojzíku, co to máš v košíku?
Ládíčku, Ládíčku, jen prázdnou lahvičku.

Faunovo odpoledne

Horká louka.
Vítr fouká.
Satyr kouká
na pavouka.

Nápěvy

I

Bylo velké veselí.
Šla Andulka do zelí,
ale zelí bylo málo,
kolo se jí polámalo.

II

Mám já trn v levé noze –
ach, jsem na tom neboze!
Bába dala na to křen –
snad ten trn vyleze ven.

Písnička zpívaná o Silvestru

Bába čerta kolíbala
když jsem plela len,
z korbelu si nahýbala ...
Zda to nebyl sen?

Teče voda proti vodě ...
Vizte topoly!
V dálce plavou bílé lodě –
srdce zabolí ...

Když jsem já k vám chodíväval
byla legrace,
u TV jsem usínával,
hráli kasace.

Já do lesa nepojedu,
je tam velký výr.
Vizme strýčka Neposedu:
bojuje za mír!

Neviděli jste tu, medle,
mou panenku snad?
Je tu jenom velká jedle,
za ní vinohrad.

Já jsem přece z Kutné Hory
kouzelníkův syn!
Hlava bolí. Je to nutné,
beru aspirin.

Když jsme se tak v dobrém sešli
v kruhu přátelském,
propijeme tuhle grešli,
pak se rozejdem'.

Zpěv jarého mládence

Stromy mají pupence –
jdu na víno do Bzence!

To jsou jenom sentence –
jak v muzice kadence.
Když ti chybí invence
chléb si vezmi z kredence,
máslem namázni tence –
získáš sílu mravence!

Pak zašeptej panence
(nemá srdce z křemence):
„Tedy večer ‚U věnce'!"

Souhláska vede!

Májový mejdan

Město Makotřasy má májovou merendu. Muži moc mluví: „Máme Majáles! Máme mísy masa, mnoho muchomůrek, méně mrkve, makarony, mandarinky, medovinu." (Málem medvědinu.)

Město mládne – muzika mašíruje. Mladíci mávajíce mimosami míjí majestátní MASNU.

Mečivá miminka mlaskají. Mladé matky mezi matronami melou mlsajíce marcipán.

Mastičkář Mihule mistrovsky míchá mateřídoušku mezi mátu. Monotonní melodie mlkne *molto moderato*. Mazavkové mezitím mládnou mnohými mázy malvazu.

Mydlář Matík moc mluví, mate mnohé mládence marným mudrováním. Míchá Mojžíše, Metternicha, Maupassanta mezi Marxe, Melbu, Maryčku Magdónovou. (Mimochodem: možná míní Marilyn Monroe.) Myslíme: má měknutí mozku ...

Mnozí měšťané mastí mariáš. My mícháme mnohé mlsy, mleté mandle, maliny, meruňky, moruše, máslový mazanec, meloun, mělničinu, močopudný malvaz ...

Mravopočestníci mračivě mručí: „Mysle matete mokem!" Marné mudrosloví ...

MORDIJÉ! MÁME MEJDAN!

Slívový sad

Soused Stanislav Snítko se sebral, sešel se schodů – směr: sad. Se soustředěnou samozřejmostí sestavil samostříl.

„Směj se, Syrovátko," sykl spokojeně, „sečkej, seber své síly!"

Samostříl stál, stíněn stromy ...

Se soumrakem Slavomír Syrovátka sestavil schema: Sejdu, stanu, sčesám slívy se stromů. Slívy se stkví sladkostí ...

Syrovátka se sbalil, souká se sadem. „Slyším sovu?" Smráká se stále silněji ...

Samostříl střelí – samozřejmě slepá střela – signál Snítkovi. Syrovátka se skácí strachem.

Stanislav Snítko sem sběhne; skloní se soucitně spatřiv schlíplého Syrovátku: „Sesypal se sketa strachem."

Sklizeň se schovala ... Sladké slívy se smějí: „Smůla, syčáku, stvrzuješ svou stupiditu!"

Slyšte sloku:
    Slívy se stromů strhati
    sotva se sousedovi splatí.

Vánoční vyprávění

Velký virtuos violy Véna Vočáhlo vyprávěl vrstevníkům ve vlaku všelicos – vlastní vědomosti včetně vybraných vtipů. Veselost vládla ... Vtom výrazné volání vletělo ve věty vypravěče: „Velké Vejvrty!" Vskutku vlak vjížděl ve Velké Vejvrty. Vůle velela Vénovi: Vyjdi ven! Volal „Vale!" všem ve vagonu. Vyšel, violu ve vaku.

Venku vlhkost visela ve vzduchu. Vlajka vlála ve větru, večer vcházel ve velkoměsto ... Ve vikýři vinárny vykoukl výr. Vyklopil výtrus. Vidina vánoc vládla Velkým Vejvrtům.

Výbuch veselí vlákal Vénu ve vinárnu. Vkročil ve výčep. Vůně vnitřku vábila virtuosa. Vevnitř ve vyhřátém večeřadle viděl výkvět Velkých Vejvrt: Vousaté vašnosty, vyznamenané veterány, vlakvedoucího Výhybku, vyhublého vojína Vostřáka, vtipkaře Vozembouchа, vnadnou Veroniku ve vilném výstřihu, velebníčka Voštinu vedle věhlasného vegetariána ve vetché vestě Valeriána. Velkému vzruchu vinárny vládl vigorózní vrchní Výpalek. Vůkol vládla vzácná vyrovnanost.

„Vidím vidinu?" vpadl vinař Vanička, „Veliký Véna Vočáhlo!" Vedle výrazně vylétlo: „Vizte virtuosa!" Ve všeobecném vítání veselí vládlo.

Vodka vzpružila vyhládlého Vénu velkolepě. Večeře voněla vábně. Viz:

    Vroucí vývar vylepšený vařeným vejcem.

    Výtečně vypečené vepřové.

    Volavka ve vermuthu.

    Vyhlášené velehradské víno.

Vše vyplnilo vnitřnosti vzorně! Viržinko vneslo vznešenost ve vědomí Vény. Vydechl vděčně.

Všichni vespolek vychutnávali výtvory výsostného vaření Viktorie. Vuřty volaly, višňovka vábila. Vinaři vypíjeli ... Vánočka voněla vzduchem.

Vyjímečnost vlastního výkrmu vyjádřil veliký Véna vzedmutými verši:

    Vy vlastenci vážení,

    Vzhůru, vínem vábeni

    vyžeňte ven vadění!

    Vyvolte večeření,

    vychutnejte vaření!

        Veselé vánoce všem!

STRUČNÝ ŽIVOTOPIS JINDŘICHA DEGENA

Jindřich Degen, umělec českého původu, žijící v Brisbane v Austrálii, se narodil v Praze roku 1923. Od dětství rád kreslil a tvořil. Po ukončení střední školy se rozhodl pro svůj druhý velký zájem, a to hudbu ve stopách svého otce. Studoval na Státní konzervatoři (Instrumentální oddělení – hoboj) a na Karlově univerzitě (Filozofická fakulta) v Praze. Od roku 1943 až do roku 1979 působil jako sólový hobojista v různých symfonických a operních orchestrech: v Praze, v Göteborgu (Švédsko) a v Austrálii (Melbourne Symphony Orchestra).

Po ukončení hudební a pedagogické činnosti se Jindřich s manželkou odstěhoval z Melbourne do státu Queensland. Zde se začal věnovat výtvarnému umění. Absolvoval tříletý kurz a nadále se účastní různých krátkodobých kurzů vedených předními umělci, a také výtvarných akcí a výstav.

Před deseti až patnácti lety našel Jindřich své vyjádření v poezii o dnešní době, ale i ve verších zábavných. Sbírka, kterou držíte v ruce, je výsledkem této literární tvorby.

Jindřichovy verše i jeho obrazy a fotografie je možno zhlédnout na jeho webových stránkách (viz níže), kde je jeho tvorba k dostání také v knižní podobě.

http://www.henrydegen.com

Umělecké inspirace je „galerie" dvou set Jindřichových obrazů ve dvanácti kategoriích podle jejich charakteru.

Květiny v detailech a umění v přírodě obsahuje výběr Jindřichových digitálních fotografií z přírody v okolí jeho domova v Redland City (Queensland, Austrálie).

Verše pro dnešní dobu je malá sbírka básní, která vyjadřuje Jindřichovy dojmy ze současnosti. Ač složeny před více než deseti lety, jsou tyto verše o lidských pocitech, zdraví, vědě a technologii aktuální i v dnešní době. Viz odezvy čtenářů na str. 98.

Odezvy čtenářů na Jindřichovu poezii z publikace Verše pro dnešní dobu a webových stránek http://www.henrydegen.com/ Czech-Cesky/Literarni-tvorba/

Konečně jsem si pročetla knížku tatínkových veršů. Je to určitě zcela vyjímečně nadaný pán a Vy jste právem na něj hrdá. Z toho čtení se mi snad nejvíc líbilo to Vánoční vyprávění! Ta ohromná slovní zásoba k dosažení humorného děje bez jiných slov, než s „v", to je úplné umění, gratuluji. Zkrátka, byla jsem nadšená a už se těším na další „popovídání" a hlavně: Srdečné díky a též blaho-přání k tak velkorysému a plodnému a požehnanému životu.
Regina Š. (Praha)

Strávila jsem dost času na prohlížení a předčítání tvorby Tvého otce, je moc šikovný. Dostal od našeho Boha mnoho darů. Je krásné, jak aktivně žije i v tomto věku. Zanechává pěknou vzpomínku i pro další generace. Je hezké, že mu v tom pomáháte.
Dana S. (České Budějovice)

Gratulujeme ke krásné publikaci. Úroveň básní nedokáži posoudit, ale jejich obsah vypovídá o vztahu k rodné zemi a odpovědnosti člověka.
Petr Z. (Uherský Brod)

Knížka veršů tatínka Jindřicha je pěkná a zdařilá. Mně se líbí i graficky, ovšem verše jsou velmi zajímavé. Obdivuju, jak pěkně – i po tolika letech v cizině – působí čeština těch veršů. Přeju hodně čtenářů vaší knížky a snad se opravdu zamyslí, zpomalí a půjdou do přírody.
Petra B. (Zliv)

Navštívila jsem stránky tatínka Degena, jsou moc pěkné. Nejvíce mě zaujaly básničky - ty jsou úžasné.
Vladimíra D. (Praha)

Vážený pane Jindřichu, děkuji za vaše básně, které mne zaujaly svou hravostí a vtipností. Máte skvělou inspiraci, nápady a požehnanou tvořivost! Těším se na vaši další tvorbu.
Alena D. (Anglie)

Vážený veliký veršotepče! Váš vzácný výtvor vděčně vítán. Vaše výmysly vnesly vtip, vyvolaly vodopády veselosti. Voláme: Velmistře, více, více! Vzkaz Vaší velkolepé Evičce: Výborně! Vynikající výkon!
Vaše vděčná,
Marcela Č. (Austrálie)

OBSAH

Předmluva 5

Člověk
    Pesimista 8
    O skromnosti 9
    Keep smiling! 10
    Bradu vzhůru! 11
    Chvála hudby 12
    Výzva k veselí 13
    Čertovské téma 14
    1 – 2 – 3 – 4 – 5 16
    Rozverně 17
    Mírová zmařená 18
    Práce šlechtí člověka 19
    Mládí 20
    Elegie 22
    Mysleme svobodně 23

Svět kolem
    O počasí 25
    Velké sucho 26
    On Global Warming 27
    O tempora, O mores! 28
    Účesné verše 29
    Vůle lidu I 30
    Vůle lidu II 31
    Malá měnová 32
    Kupecká 33

    Rozhovor o stavu země..34
    Noc a den, neboli píseň optimisty 35
    Lingua Bohemica 36
    Konec dne 37
    Jazykozpyt 38
    Mlčeti zlato 39

Věda kolem nás
    Pokrok..41
    O vědě aneb věda základ života 42
    Člověk tvor neznámý...44
    Technologická 46
    Drama 48

Jídlo, pití, živobytí
    Historie prochází žaludkem 50
    Damoklův meč 52
    Chladná úvaha 53
    Exkurze 54
    Dopito..55
    Lidová pivní 56
    Ginger-Lied 57
    Traktát...58
    Pokyny k pochodu 60
    Turistická...61

Zoologie
    Příhoda s vepřem 63
    Krátce o zvířatech 64
    Pheasant coucal   (O bažantovi) 66

Letní den 67
Kohoutí 68

Abeceda
Abeceda 70

Trochu vrtochu
Lactos 77
Hlad 78
Rozpočitadla 80
Nová rozpočitadla 82
Dada 84
Dada aliterační 85
Jmeniny 86
Faunovo odpoledne 86
Nápěvy 87
Písnička zpívaná o Silvestru 88
Zpěv jarého mládence 90

Souhláska vede!
Májový mejdan 92
Slívový sad 93
Vánoční vyprávění 94

Stručný životopis Jindřicha Degena 96
Odezvy čtenářů 98

Pathway Publishing
Seeking truth and beauty

www.ingramcontent.com/pod-product-compliance
Lightning Source LLC
Chambersburg PA
CBHW031258290426
44109CB00012B/636